CHAT GPT-4 PARA PRINCIPIANTES

UN CAMINO HACIA LA INTELIGENCIA ARTIFICIAL

Ryan Aitsonod

CONTENIDO

PRÓLOGO

En un mundo cada vez más interconectado y en constante evolución, la inteligencia artificial se ha convertido en un pilar fundamental en el desarrollo de nuestra sociedad. Ya sea en el ámbito de la ciencia, la medicina, el entretenimiento o la comunicación, la IA nos ha demostrado su inmenso potencial para transformar nuestras vidas y resolver problemas complejos de formas nunca antes imaginadas.

Dentro de este universo de la inteligencia artificial, GPT-4 se ha consolidado como un referente en el ámbito del procesamiento del lenguaje natural y la generación de texto. Este modelo de lenguaje, desarrollado por OpenAI, ha demostrado ser un poderoso aliado para un sinfín de aplicaciones y usos en diferentes sectores, abriendo las puertas a un mundo lleno de posibilidades.

"Chat GPT-4 para Principiantes" es una guía amigable y accesible que busca introducir a aquellos interesados en adentrarse en el fascinante mundo de la inteligencia artificial y GPT-4. A través de sus páginas, este libro te llevará de la mano desde los fundamentos y conceptos básicos de GPT-4, pasando por la preparación del entorno y la interacción con el modelo, hasta llegar a la generación de texto y el afinado básico. Además, se explorarán aplicaciones iniciales, aspectos éticos y responsables, y cómo integrar GPT-4 en tus proyectos personales o profesionales.

El objetivo de este libro es brindarte un enfoque didáctico y práctico, ilustrando cada concepto y técnica con ejemplos claros y relevantes que te permitan comprender y aplicar lo aprendido de manera efectiva. No importa si eres un principiante en la materia, un entusiasta de la tecnología o un profesional en busca de ampliar sus conocimientos, "Chat GPT-4 para Principiantes" será tu compañero de viaje en esta emocionante aventura hacia el dominio de la inteligencia artificial y GPT-4.

Te invito a sumergirte en estas páginas y descubrir cómo GPT-4 puede cambiar tu vida y la manera en que enfrentas los desafíos del siglo XXI. Estoy seguro de que, al finalizar la lectura, te sorprenderás de todo lo que eres capaz de lograr con el poder de la inteligencia artificial y GPT-4 a tu alcance.

¡Adelante, y mucho éxito en tu aprendizaje!

Ryan

INTRODUCCIÓN A LA INTELIGENCIA ARTIFICIAL

La inteligencia artificial (IA) es un campo de la informática que busca desarrollar algoritmos, sistemas y técnicas para que las máquinas puedan realizar tareas que, en principio, requieren de la inteligencia humana. Estas tareas incluyen el aprendizaje, el razonamiento, la percepción, la comprensión del lenguaje natural y la resolución de problemas complejos.

¿Qué es la inteligencia artificial y cómo funciona?

La inteligencia artificial es un subcampo de la informática que se centra en la creación de programas y sistemas capaces de llevar a cabo tareas que requieren inteligencia humana. La IA funciona mediante el desarrollo de algoritmos y modelos matemáticos que permiten a las máquinas aprender de los datos y tomar decisiones basadas en patrones y relaciones identificados en esos datos.

Ejemplo 1: Un sistema de IA puede analizar imágenes médicas y, mediante el reconocimiento de patrones, detectar anomalías, como tumores o fracturas, que podrían ser difíciles de identificar a simple vista.

Ejemplo 2: Un asistente virtual, como Siri o Alexa, utiliza la inteligencia artificial para comprender comandos de voz y responder preguntas en función de la información almacenada en sus bases de datos.

¿Cuáles son las diferencias entre inteligencia artificial, aprendizaje automático y aprendizaje profundo?

La inteligencia artificial es el término más amplio que abarca cualquier técnica o enfoque que permita a las máquinas imitar o simular la inteligencia humana. El aprendizaje automático (ML, por sus siglas en inglés) es un subcampo de la IA que se centra en desarrollar algoritmos y modelos que permiten a las máquinas aprender de los datos sin ser programadas explícitamente.

El aprendizaje profundo (DL, por sus siglas en inglés) es una técnica específica de aprendizaje automático basada en redes neuronales artificiales, que son modelos matemáticos inspirados en el funcionamiento del cerebro humano. El aprendizaje profundo ha demostrado ser especialmente efectivo en tareas como el reconocimiento de imágenes, el procesamiento del lenguaje natural y el análisis de datos complejos.

¿Qué tipos de problemas puede resolver la inteligencia artificial?

La inteligencia artificial puede abordar una amplia variedad de problemas y aplicaciones en múltiples campos, como la medicina, la industria, la educación, el transporte y el entretenimiento. Algunos ejemplos de problemas que la IA puede resolver incluyen:

Ejemplo 1: Diagnóstico médico automatizado. Como hemos comentado antes, la IA puede analizar imágenes médicas, como radiografías y resonancias magnéticas, para identificar signos de enfermedades y proporcionar diagnósticos precisos y rápidos.

Ejemplo 2: Recomendaciones personalizadas. La IA puede analizar el comportamiento y las preferencias de los usuarios en sitios web de comercio electrónico o plataformas de streaming, como Netflix, para ofrecer recomendaciones personalizadas de productos o contenidos.

Ejemplo 3: Sistemas de navegación autónoma. La IA se utiliza en vehículos autónomos para analizar datos de sensores y cámaras en tiempo real, permitiendo a los vehículos tomar decisiones de conducción seguras y eficientes.

Ejemplo 4: Traducción automática de idiomas. La IA, a través del procesamiento del lenguaje natural y el aprendizaje profundo, puede traducir textos entre diferentes idiomas de manera rápida y precisa, facilitando la comunicación entre personas que hablan distintas lenguas.

Ejemplo 5: Análisis de sentimiento en redes sociales. La inteligencia artificial puede procesar grandes cantidades de datos de texto en redes sociales, como Twitter, para identificar tendencias, opiniones y emociones con relación a marcas, productos o eventos específicos.

Estos son solo algunos ejemplos de cómo la inteligencia artificial está siendo utilizada en diferentes campos y aplicaciones. A medida que la tecnología avanza, es probable que veamos aún más aplicaciones y soluciones basadas en IA para abordar una amplia gama de problemas y desafíos.

CÓMO UTILIZAR EL CHAT DE OPENAI: UNA GUÍA PARA PRINCIPIANTES

Introducción

El chat de OpenAI es una herramienta poderosa y versátil que permite a los usuarios interactuar con modelos de lenguaje avanzados como GPT-4. Con esta herramienta, puedes obtener respuestas a tus preguntas, generar texto, recibir sugerencias y mucho más. En este artículo, te guiaremos paso a paso para que, como principiante, puedas aprovechar al máximo el chat de OpenAI.

Para conseguir un resultado productivo de la conversación con chat GPT-4, es imprescindible crear una conversación clara y fluida. No dudes en preguntar y preguntar, hilando la conversación para que todo vaya tomando sentido.

Cada chat que crees será individual del anterior, es decir, la conversación de otros chats creados, no se intercalan con el chat actual. Es algo obvio, pero tenlo en cuenta.

Si todavía no tienes acceso a chat GPT-4, no te preocupes. Para empezar, no es necesario pagar una inscripción. Con chat GPT-3.5 tendrás suficiente para comenzar tu aprendizaje.

Como te comentaba antes, es imprescindible entender el concepto de chat. Imagina que estás utilizando *WhatsApp* con una persona muy lista y que puedes preguntarle lo que quieras. Esa es la táctica.

Todo lo que se vaya acumulando en ese chat, GPT-4, o 3.5, lo acumulará y podrás retomar cualquier pregunta que ya le hayas hecho.

Paso 1: Accede a la plataforma de OpenAI

Para comenzar, visita la página web de OpenAI (https://www.openai.com/) y crea una cuenta si aún no la tienes. Una vez que hayas iniciado sesión, busca y selecciona la opción "Chat" en el menú superior o en el panel de control.

Paso 2: Conoce la interfaz del chat

Al acceder al chat, encontrarás una interfaz simple y fácil de usar. A la izquierda, verás una columna donde puedes escribir tus mensajes, y a la derecha, encontrarás una ventana de chat en la que aparecerán las respuestas del modelo GPT-4.

Paso 3: Escribe tus preguntas o solicitudes

Para interactuar con el modelo, simplemente escribe tu pregunta, solicitud o declaración en el cuadro de texto de la columna izquierda y presiona "Enter" o haz clic en el botón "Enviar". El modelo procesará tu mensaje y generará una respuesta que aparecerá en la ventana de chat.

Aquí hay algunos ejemplos de preguntas y solicitudes que puedes hacer:

"¿Cuál es la capital de Francia?"

"Explícame el proceso de la fotosíntesis."

"Dame consejos para mejorar mi habilidad de escritura."

Paso 4: Comprende y ajusta las respuestas del modelo

Ten en cuenta que GPT-4 es un modelo de lenguaje basado en inteligencia artificial, lo que significa que sus respuestas pueden variar en calidad y precisión. Si recibes una respuesta que no es lo que esperabas o si deseas obtener más información, puedes reformular tu pregunta o proporcionar detalles adicionales.

Paso 5: Configura los ajustes avanzados (opcional)

Si deseas personalizar la experiencia del chat, puedes acceder a los ajustes avanzados haciendo clic en el ícono de engranaje en la parte superior de la ventana de chat. Aquí podrás ajustar parámetros como la temperatura (que controla la creatividad de las respuestas) y el límite máximo de tokens (que controla la longitud de las respuestas).

Paso 6: Explora y experimenta

La mejor manera de aprender a utilizar el chat de OpenAI es explorar y experimentar. Haz diferentes preguntas, solicita información sobre diversos temas y descubre cómo el modelo responde a diferentes tipos de entradas. A medida que te familiarices con el chat, encontrarás formas de aprovechar al máximo esta potente herramienta de inteligencia artificial.

Conclusión

El chat de OpenAI es una herramienta increíblemente útil y poderosa que puede brindarte información, respuestas y asistencia en una amplia variedad de temas. Al seguir estos pasos y explorar la plataforma, podrás comenzar a aprovechar al máximo el chat de OpenAI y descubrir todo lo que la inteligencia artificial tiene para ofrecer. ¡Buena suerte y diviértete explorando el mundo de la inteligencia artificial!

Recursos adicionales

A medida que te adentras en el uso del chat de OpenAI, es posible que desees aprender más sobre la inteligencia artificial,

GPT-4 y cómo sacar el máximo provecho de esta tecnología. Aquí hay algunos recursos adicionales que podrían interesarte:

1. Documentación de OpenAI: La documentación oficial de OpenAI es una excelente fuente de información sobre cómo utilizar la plataforma, sus funciones y las mejores prácticas para interactuar con los modelos de lenguaje.

2. Tutoriales y guías en línea: Puedes encontrar numerosos tutoriales y guías en línea que brindan instrucciones paso a paso y consejos útiles para trabajar con GPT-4 y otras herramientas de inteligencia artificial.

3. Foros y comunidades en línea: Unirte a foros y comunidades en línea centradas en inteligencia artificial te permitirá aprender de las experiencias de otros usuarios, hacer preguntas y compartir tus propias ideas y conocimientos.

4. Cursos y talleres: Si deseas profundizar en el conocimiento de la inteligencia artificial y GPT-4, puedes inscribirte en

cursos y talleres que aborden temas relacionados con estas tecnologías.

5. Investigación y publicaciones: Mantén un ojo en las investigaciones y publicaciones recientes en el campo de la inteligencia artificial para estar al tanto de los últimos avances y desarrollos en el área.

Al explorar estos recursos y dedicar tiempo a aprender sobre la inteligencia artificial y GPT-4, estarás en una excelente posición para aprovechar al máximo el chat de OpenAI y aplicar estas habilidades en tus proyectos y actividades cotidianas. ¡Disfruta de la aventura y aprovecha al máximo esta emocionante tecnología!

EJEMPLO DE CONVERSACIÓN, SOBRE TIKTOK, DE UN PRINCIPIANTE CON CHAT GPT-4

Aquí tienes un ejemplo de una conversación mantenida con Chat GPT-4 sobre la plataforma TikTok. Puedes ver cómo la conversación se puede ir hilando a medida que avanza.

Conversación

—Hola, tengo una pregunta sobre TikTok. ¿Qué es y para qué sirve? —pregunta el principiante.

—Hola, claro que sí. TikTok es una plataforma de medios sociales que permite a los usuarios crear y compartir videos cortos con música, efectos y filtros. Es especialmente popular entre los jóvenes y se utiliza principalmente para fines de entretenimiento y expresión creativa.

—Entiendo, ¿y qué tipo de contenido se puede encontrar en TikTok? —inquiere el principiante.

—En TikTok puedes encontrar una amplia variedad de contenido, desde videos de comedia, baile, cocina y mascotas hasta tutoriales y desafíos virales. La diversidad de temas es casi infinita y cada usuario puede encontrar algo de su interés en la plataforma.

—Gracias por la información. ¿Cómo influye TikTok en la sociedad y la cultura popular? —pregunta el principiante.

—TikTok ha tenido un gran impacto en la sociedad y la cultura popular en los últimos años. Ha dado lugar a la creación de nuevas tendencias y modas, ha impulsado canciones y artistas al estrellato y ha servido como plataforma de lanzamiento para muchos creadores de contenido. Además, también ha generado debates sobre temas como la privacidad, la seguridad y la influencia de las redes sociales en la vida de las personas.

—Interesante. Y, ¿cómo puedo aprovechar TikTok para promocionar mi negocio o marca personal? —consulta el principiante.

—TikTok puede ser una excelente herramienta de marketing si se utiliza correctamente. Puedes crear contenido relacionado con tu negocio o marca personal que sea atractivo y entretenido para los usuarios de la plataforma. Participar en tendencias y desafíos virales, colaborar con otros creadores y utilizar hashtags populares también puede ayudarte a aumentar tu alcance y visibilidad. Además, TikTok ofrece herramientas publicitarias para llegar a una audiencia más amplia y específica según tus objetivos de marketing.

—Ahora que mencionas las herramientas publicitarias, ¿cómo puedo utilizarlas para llegar a mi público objetivo en TikTok? –pregunta el principiante.

–Para utilizar las herramientas publicitarias de TikTok, primero debes crear una cuenta en TikTok for Business. Luego, podrás configurar campañas publicitarias con diferentes objetivos, como aumentar la visibilidad de tu marca, generar interacción con tu contenido o dirigir tráfico a tu sitio web. Puedes segmentar tus anuncios según la edad, el género, la ubicación y los intereses de tu público objetivo, lo que te permitirá llegar a las personas adecuadas con tus mensajes publicitarios.

–Muy bien, ¿y hay alguna forma de medir el éxito de mis esfuerzos de marketing en TikTok? –inquiere el principiante.

–Sí, TikTok ofrece una serie de métricas y estadísticas que te permitirán evaluar el desempeño de tus contenidos y campañas publicitarias. Entre las métricas más relevantes se encuentran las visualizaciones, los "me gusta", los comentarios, las veces que se compartió tu contenido y los seguidores ganados. Además, en el caso de las campañas publicitarias, también podrás acceder a datos sobre el costo por clic, las conversiones y otras métricas que te ayudarán a entender el retorno de la inversión en tus anuncios.

—Excelente información, gracias. Por último, ¿qué consejos me darías para tener éxito en TikTok y crear contenidos atractivos? —pregunta el principiante.

—Para tener éxito en TikTok, te recomendaría que sigas estas pautas:

1. Conoce a tu público: Investiga y comprende qué tipo de contenido disfrutan y cómo puedes aportar valor a sus vidas.
2. Sé auténtico: Muestra tu personalidad y sé tú mismo, esto te ayudará a conectar con tu audiencia de manera genuina.
3. Mantente actualizado con las tendencias: Participa en desafíos y tendencias virales para mantener tu contenido fresco y relevante.

4. Publica con regularidad: La consistencia es clave para mantener el interés de tus seguidores y aumentar tu alcance en la plataforma.
5. Interactúa con tu audiencia: Responde a los comentarios, colabora con otros creadores y fomenta la participación de tus seguidores.

Siguiendo estos consejos y trabajando de manera constante en la creación y mejora de tus contenidos, tendrás más posibilidades de lograr el éxito en TikTok. ¡Buena suerte!

EJEMPLO DE CONVERSACIÓN, SOBRE LAS CRIPTOMONEDAS, DE UN PRINCIPIANTE CON CHAT GPT-4

Aquí tienes otro ejemplo de una conversación mantenida con Chat GPT-4 sobre las criptomonedas. Fíjate en la manera de llevar la conversación para que puedas llevar a GPT-4 hacia la información que realmente quieras recibir.

Y, aunque ya sabemos que estás hablando con una máquina, es bueno que te acostumbres a ser amable.

Parece una tontería, pero no lo es. Es una actitud positiva que te llevará a ser amable en tu quehacer diario.

Conversación

—He oído hablar mucho sobre la criptomoneda y el blockchain últimamente, pero no entiendo muy bien qué son ni cómo funcionan. ¿Podrías explicármelo de manera sencilla? —pregunta el principiante.

—Claro, te puedo dar una explicación básica. Las criptomonedas son monedas digitales que utilizan la tecnología de blockchain para garantizar transacciones seguras y descentralizadas. El blockchain es un sistema de registro digital en el que las transacciones se almacenan en bloques que están enlazados y cifrados para proteger la información. La criptomoneda más conocida es el Bitcoin, pero existen muchas otras como Ethereum, Litecoin, y Ripple, entre otras.

—Ah, ya entiendo un poco mejor. Pero, ¿cómo puedo comprar y vender criptomonedas? ¿Necesito algo especial para hacerlo? —pregunta el principiante.

—Para comprar y vender criptomonedas, primero necesitas abrir una cuenta en un exchange o plataforma de intercambio, donde podrás adquirir criptomonedas utilizando tu moneda local o intercambiar unas criptomonedas por otras. Además, necesitarás una billetera digital o "wallet" para almacenar tus criptomonedas de forma segura. Existen billeteras en línea, billeteras en hardware y aplicaciones móviles que te permitirán gestionar tus criptomonedas de manera sencilla.

—Muy interesante, ¿y cómo se determina el valor de las criptomonedas? ¿Por qué a veces suben y bajan tanto de precio? —inquiere el principiante.

—El valor de las criptomonedas está influenciado por diversos factores, como la oferta y la demanda, la percepción del mercado y las noticias o eventos relacionados con la criptomoneda en cuestión. Al ser un mercado relativamente nuevo y volátil, es común que los precios de las criptomonedas fluctúen con rapidez y, a veces, de manera drástica. También es importante tener en cuenta que algunas criptomonedas tienen una oferta limitada, como el Bitcoin, cuyo suministro máximo es de 21 millones de unidades. Esto puede generar escasez y afectar su valor en el mercado.

—Entiendo, suena como un mundo emocionante pero también arriesgado. ¿Qué consejos me darías si quiero empezar a invertir en criptomonedas? —pregunta el principiante.

—Si estás interesado en invertir en criptomonedas, te recomendaría que sigas estos consejos:

1. Investiga: Aprende lo más posible sobre las criptomonedas y el blockchain antes de invertir.
2. Diversifica: No inviertas todo tu dinero en una sola criptomoneda, diversifica tu portafolio para reducir el riesgo.
3. No inviertas más de lo que estés dispuesto a perder: El mercado de

criptomonedas es volátil y es posible que sufras pérdidas.

4. Mantente informado: Sigue las noticias y eventos relacionados con las criptomonedas y ajusta tus inversiones según sea necesario.

5. Ten paciencia: Invertir en criptomonedas puede ser un proceso a largo plazo, no esperes obtener ganancias de la noche a la mañana.

Siguiendo estos consejos, estarás mejor preparado para adentrarte en el mundo de las criptomonedas y tomar decisiones informadas sobre tus inversiones.

—Muchas gracias por toda la información, me ha sido de gran ayuda. Sin embargo, también he escuchado sobre el impacto ambiental de las criptomonedas, especialmente del Bitcoin. ¿Qué puedes decirme al respecto? —pregunta el principiante.

—Tienes razón, el impacto ambiental de las criptomonedas, en particular del Bitcoin, ha sido motivo de preocupación en los últimos años. El proceso de minería de Bitcoin, que implica la resolución de problemas matemáticos complejos para validar transacciones y crear nuevos Bitcoins, consume una gran cantidad de energía eléctrica. La mayoría de esta energía proviene de fuentes no renovables, como el carbón, lo que genera emisiones de gases de efecto invernadero y contribuye al cambio climático. Sin embargo, es importante mencionar que también hay proyectos y criptomonedas que buscan soluciones más sostenibles y ecológicas, como el uso de energía renovable en la minería o la implementación de algoritmos de consenso más eficientes energéticamente.

—Entonces, ¿sería mejor invertir en criptomonedas más ecológicas en lugar de Bitcoin? —pregunta el principiante.

—Esa es una decisión personal que depende de tus objetivos y valores como inversor. Si te preocupa el impacto ambiental de la minería de Bitcoin, es posible que desees considerar invertir en criptomonedas que utilicen métodos más sostenibles. Sin embargo, también es importante investigar y evaluar el potencial de crecimiento y la solidez de estas criptomonedas antes de tomar una decisión de inversión. Además, es crucial recordar que la diversificación sigue siendo clave para minimizar riesgos en tu portafolio de inversiones.

–¡Excelente! Me ha quedado mucho más claro todo este tema de las criptomonedas y el blockchain. Te agradezco por tomarte el tiempo de explicarme todo esto. Seguiré investigando y aprendiendo más al respecto antes de tomar alguna decisión de inversión. –concluye el principiante.

–Me alegra haberte sido de ayuda. Si tienes más preguntas o dudas en el futuro, no dudes en preguntar. Estaré encantado de ayudarte a entender mejor este fascinante mundo de las criptomonedas y la inteligencia artificial. ¡Buena suerte en tu aprendizaje! –responde ChatGPT.

EJEMPLO DE CONVERSACIÓN, SOBRE LA MEDITACIÓN, DE UN PRINCIPIANTE CON CHAT GPT-4

Aquí tienes otro ejemplo, más cortito, de una conversación mantenida con Chat GPT-4 sobre la meditación.

Es más corta para que puedas ver cómo, en el momento que tú ya no interactúas, Chat GPT cierra la conversación.

No hay problema ante esta situación, porque puedes retomar el tema sin ningún problema. Recuerda que todo lo que hables en un mismo chat, puede ser retomado cuando lo desees. Simplemente, retomas la conversación, y él seguirá con el chat.

Es aconsejable que no mezcles temas en un mismo chat. Puedes abrir los chats que te apetezca y retomarlos más adelante, porque se guardan en la memoria de GPT hasta que decidas borrarlos. Es decir, puedes retomar un chat de ayer o de hace una semana, y seguir tranquilamente la conversación. GPT volverá a leer todo el contenido y se pondrá al día en medio segundo.

Por eso, es interesante que mantengas la pauta de un tema por chat, para que puedas tener una "biblioteca" de chats y acudir a ella cuando lo necesites, hasta dejar zanjado el tema y puedas utilizarlo para tu trabajo o lo que sea que estés preparando.

Utilizando la opción *Export Chat* podrás descargar a tu dispositivo el chat actual.

Conversación

—Hola, ChatGPT. Me gustaría aprender más sobre la meditación. ¿Podrías ayudarme? —pregunta el principiante.

—Claro, estaré encantado de ayudarte. La meditación es una práctica mental que tiene como objetivo calmar la mente y aumentar la conciencia y la concentración. Hay muchas técnicas diferentes de meditación, pero algunas de las más comunes incluyen la meditación de atención plena, la meditación trascendental y la meditación con mantras. ¿Hay algún aspecto específico de la meditación que te gustaría explorar? —responde ChatGPT.

—Sí, me gustaría saber más sobre la meditación de atención plena. ¿Cómo se hace y cuáles son sus beneficios? —pregunta el principiante.

—La meditación de atención plena es una técnica que implica centrarse en el momento presente y ser consciente de tus pensamientos, emociones y sensaciones físicas sin juzgarlas ni aferrarte a ellas. Para practicar la meditación de atención plena, puedes comenzar por encontrar un lugar tranquilo y cómodo para sentarte o recostarte. Luego, cierra los ojos y presta atención a tu respiración, observando cómo el aire entra y sale de tu cuerpo. Si tu mente empieza a divagar, simplemente reconoce los pensamientos que surgen y luego redirige suavemente tu atención de nuevo a la respiración.

»Algunos beneficios de la meditación de atención plena incluyen la reducción del estrés, la mejora de la concentración, la promoción de la relajación y el aumento del autoconocimiento. También se ha demostrado que la meditación de atención plena puede ser útil en el manejo de problemas de salud mental como la ansiedad y la depresión. Sin embargo, es importante recordar que la meditación es una habilidad que requiere práctica, por lo que puede llevar tiempo ver resultados notables. —responde ChatGPT.

—¡Eso suena muy interesante! ¿Cuánto tiempo debería dedicar a la meditación cada día? —pregunta el principiante.

—No existe un tiempo específico que sea adecuado para todos, ya que las necesidades y preferencias individuales pueden variar. Sin embargo, muchos expertos en meditación recomiendan comenzar con sesiones cortas de 5 a 10 minutos al día y, gradualmente, aumentar la duración a medida que te sientas más cómodo con la práctica. Lo más importante es ser constante y tratar de incorporar la meditación en tu rutina diaria de una manera que funcione para ti. —responde ChatGPT.

—¡Muchas gracias por tu ayuda, ChatGPT! Estoy emocionado de probar la meditación de atención plena. —agradece el principiante.

—De nada, me alegra haber podido ayudarte. ¡Buena suerte en tu práctica de meditación y no dudes en volver si tienes más preguntas o necesitas más información! —responde ChatGPT.

DESCUBRIENDO EL MUNDO: PREGUNTAS FRECUENTES PARA PRINCIPIANTES EN DIVERSOS TEMAS

Estos temas que te presentamos, te ayudarán a comenzar una conversación con Chat GPT-4, o 3.5, sin ningún problema.

Te servirán como arranque para que, a medida que la conversación vaya fluyendo, puedas seguir interactuando con Chat GPT y así, irás recibiendo la información que realmente te vaya interesando.

Ciencia

¿Cuáles son las principales ramas de la ciencia y cómo se relacionan entre sí?

¿Cuál es el método científico y por qué es importante en la investigación científica?

¿Qué avances científicos recientes han tenido un impacto significativo en nuestra vida cotidiana?

Geografía

¿Cuáles son las características principales de los continentes y océanos del mundo?

¿Qué factores influyen en el clima y el tiempo en diferentes regiones del mundo?

¿Cómo se forman las montañas, valles y otros accidentes geográficos?

Medicina

¿Cuáles son las especialidades médicas más comunes y en qué se enfocan?

¿Qué avances recientes en medicina han mejorado la prevención y el tratamiento de enfermedades?

¿Cuál es la importancia de la investigación médica y cómo contribuye al bienestar humano?

Animales

¿Cuáles son los principales grupos de animales y qué características los definen?

¿Cómo se clasifican los animales y qué criterios se utilizan en la clasificación?

¿Cuáles son algunas adaptaciones interesantes que permiten a los animales sobrevivir en diferentes entornos?

Política

¿Cuáles son los principales sistemas políticos y cómo difieren entre sí?

¿Qué factores influyen en la formación de las políticas y la toma de decisiones en un país?

¿Cuál es el papel de las instituciones internacionales en la política mundial?

Humanidad

¿Cuáles son los principales hitos en la historia de la humanidad?

¿Qué factores han influido en la evolución cultural y social a lo largo del tiempo?

¿Cuáles son algunas de las cuestiones éticas y morales más debatidas en la actualidad?

Fotografía

¿Cuáles son los fundamentos básicos de la fotografía y cómo se relacionan con la composición y la técnica?

¿Qué equipo fotográfico es esencial para los principiantes que desean aprender fotografía?

¿Cuáles son los diferentes géneros de fotografía y cómo se pueden explorar y desarrollar habilidades en cada uno?

Historia

¿Cuáles son algunas de las civilizaciones antiguas más importantes y qué legado dejaron?

¿Qué eventos históricos han tenido un impacto duradero en la política, la sociedad y la cultura?

¿Cuál es el papel de los historiadores en la preservación y la interpretación de la historia?

Literatura

¿Cuáles son los principales géneros literarios y qué características los definen?

¿Qué autores y obras se consideran clásicos en la literatura mundial?

¿Cuál es el proceso creativo de escritura y cómo se puede desarrollar y mejorar la habilidad literaria?

Psicología

¿Cuáles son las principales corrientes y teorías en psicología?

¿Cómo influyen nuestras emociones y pensamientos en nuestro comportamiento y bienestar?

¿Qué técnicas y enfoques se utilizan en el tratamiento de trastornos psicológicos?

Filosofía

¿Cuáles son las principales ramas de la filosofía y sus preguntas fundamentales?

¿Qué filósofos han influido en el pensamiento y la cultura a lo largo de la historia?

¿Cómo se aplica la filosofía en la vida cotidiana y en la toma de decisiones?

Nutrición

¿Cuáles son los principales grupos de alimentos y su función en nuestra dieta?

¿Cómo mantener una dieta equilibrada y saludable?

¿Cuál es la relación entre la nutrición y la prevención o tratamiento de enfermedades?

Matemáticas

¿Cuáles son las principales ramas de las matemáticas y sus aplicaciones prácticas?

¿Cómo se desarrollan y aplican conceptos matemáticos en la resolución de problemas cotidianos?

¿Qué matemáticos han hecho contribuciones significativas a la disciplina a lo largo de la historia?

Derecho

¿Cuáles son los principales sistemas legales y cómo funcionan?

¿Qué es la jurisprudencia y cómo se desarrolla y aplica en diferentes contextos?

¿Cuáles son los desafíos y dilemas éticos en la práctica del derecho?

Economía

¿Cuáles son los principios básicos de la economía y cómo influyen en nuestra vida diaria?

¿Qué teorías económicas y políticas han moldeado el desarrollo económico a lo largo de la historia?

¿Cuáles son los principales desafíos y oportunidades económicas en el mundo actual?

Biología

¿Cuáles son las principales ramas de la biología y sus campos de estudio?

¿Cómo funcionan los sistemas y procesos biológicos en los seres vivos?

¿Cuáles son los últimos avances y descubrimientos en biología y cómo pueden mejorar nuestra calidad de vida?

Física

¿Cuáles son las leyes fundamentales de la física y cómo se aplican a nuestro mundo?

¿Qué áreas de investigación están abordando los desafíos y misterios en física?

¿Cómo influyen los descubrimientos en física en la tecnología y nuestra comprensión del universo?

Química

¿Cuáles son los principales conceptos y leyes en química?

¿Cómo se relacionan los elementos químicos y las reacciones químicas en nuestra vida diaria?

¿Qué avances y descubrimientos en química han impulsado el desarrollo de nuevas tecnologías y materiales?

Arte

¿Cuáles son las principales corrientes y estilos artísticos a lo largo de la historia?

¿Qué artistas y obras han dejado una huella indeleble en el mundo del arte?

¿Cómo se puede apreciar y analizar el arte desde diferentes perspectivas y enfoques?

Música

¿Cuáles son los principales géneros musicales y sus características?

¿Qué compositores y músicos han influido en la evolución de la música a lo largo del tiempo?

¿Cómo se crea, interpreta y disfruta la música en diferentes culturas y contextos?

Medio ambiente

¿Cuáles son los principales problemas ambientales que enfrenta nuestro planeta en la actualidad?

¿Qué acciones y políticas pueden ayudar a proteger y preservar el medio ambiente?

¿Cómo se pueden adoptar prácticas sostenibles y ecológicas en nuestra vida cotidiana?

Tecnología

¿Cuáles son los principales avances y tendencias tecnológicas en el mundo actual?

¿Cómo afecta la tecnología a nuestras vidas y cómo podemos utilizarla de manera responsable y ética?

¿Qué innovaciones tecnológicas tienen el potencial de transformar nuestro futuro?

Deportes

¿Cuáles son los deportes más populares y sus reglas básicas?

¿Qué habilidades y valores se pueden aprender a través de la práctica deportiva?

¿Cómo influye el deporte en la sociedad y la cultura a nivel local y global?

Astronomía

¿Cuáles son los principales cuerpos celestes y fenómenos astronómicos?

¿Cómo se ha desarrollado el estudio de la astronomía a lo largo de la historia?

¿Qué descubrimientos y misiones espaciales están ampliando nuestro conocimiento del universo?

Viajes

¿Cuáles son los destinos turísticos más populares y sus principales atracciones?

¿Cómo planificar y disfrutar de un viaje de manera responsable y sostenible?

¿Qué aspectos culturales y prácticos se deben tener en cuenta al viajar a diferentes países?

Cocina

¿Cuáles son las principales técnicas y herramientas culinarias utilizadas en la cocina?

¿Cómo se pueden explorar y apreciar las diversas cocinas del mundo y sus ingredientes?

¿Qué consejos y trucos pueden ayudar a mejorar nuestras habilidades culinarias en casa?

Educación

¿Cuáles son los principales enfoques y métodos en educación?

¿Cómo se puede fomentar el aprendizaje a lo largo de la vida y adaptarse a diferentes estilos de aprendizaje?

¿Qué desafíos y oportunidades enfrenta la educación en el siglo XXI y cómo podemos abordarlos?

Estos son, tan solo, unos ejemplos. Son innumerables los temas con los que puedes afrontar una conversación con Chat GPT-4.

INTRODUCCIÓN A GPT-4 Y SUS ORÍGENES

El camino hacia GPT-4: Evolución de los modelos GPT

Vamos a explorar la evolución de los modelos GPT hasta llegar al GPT-4. Pero antes, es importante entender qué es GPT. GPT significa "Generative Pre-trained Transformer" y es un modelo de lenguaje desarrollado por OpenAI. En pocas palabras, es un programa de inteligencia artificial que puede entender y generar texto en lenguaje humano.

Todo comenzó con GPT, el primer modelo de esta serie. Aunque era revolucionario en su momento, tenía limitaciones en términos de tamaño y capacidades. Luego vino GPT-2, que fue un gran avance en comparación con su predecesor. GPT-2 era mucho más grande y podía generar texto con mayor coherencia y fluidez.

GPT-3, el tercer modelo, fue un salto aún más grande en términos de tamaño y capacidades. Con 175 mil millones de parámetros (las conexiones dentro del modelo que le permiten aprender), GPT-3 se convirtió en uno de los modelos de lenguaje más grandes y potentes de su tiempo. Esta capacidad le permitía realizar una amplia variedad de tareas, desde la generación de texto hasta la resolución de problemas matemáticos, con un nivel de desempeño impresionante.

Y finalmente, llegamos a GPT-4, el modelo actual y tema de este libro. GPT-4 es aún más grande y potente que GPT-3, lo que le permite ofrecer un rendimiento aún mejor en tareas de lenguaje y comprensión.

Funciones y capacidades de GPT-4

GPT-4 es un modelo de lenguaje realmente impresionante, capaz de realizar una amplia variedad de tareas que antes se creían exclusivas de los humanos. Entre sus capacidades se encuentran:

- Generación de texto: GPT-4 puede generar texto coherente y de alta calidad en una amplia gama de temas y estilos.
- Resumen: Puede leer y resumir información de manera efectiva.
- Traducción: GPT-4 puede traducir texto entre diferentes idiomas.
- Preguntas y respuestas: Es capaz de responder preguntas basadas en texto proporcionado o en su conocimiento previo.
- Clasificación de texto: Puede clasificar texto según categorías predefinidas, como el análisis de sentimientos.

Y esto es solo el comienzo. Los desarrolladores y entusiastas de todo el mundo continúan encontrando nuevas aplicaciones y casos de uso para GPT-4 en diversos campos.

Aplicaciones populares y casos de éxito de GPT-4

El potencial de GPT-4 ha sido aprovechado en numerosas aplicaciones y proyectos. Algunos ejemplos de casos de éxito incluyen:

- Chatbots y asistentes virtuales: GPT-4 ha sido utilizado en la creación de chatbots y asistentes virtuales capaces de mantener conversaciones fluidas y coherentes con los usuarios.
- Generación de contenido: Redactores, periodistas y creadores de contenido utilizan GPT-4 para generar ideas, escribir artículos o incluso libros, y mejorar su flujo de trabajo.
- Tutoriales y aprendizaje: GPT-4 ha sido empleado para generar tutoriales y guías de aprendizaje en diversos temas, desde programación hasta cocina.

- Apoyo en la toma de decisiones: GPT-4 puede analizar y resumir información relevante para ayudar a las personas y empresas a tomar decisiones informadas.

Estos son solo algunos ejemplos de las aplicaciones populares y exitosas de GPT-4. A lo largo de este libro, exploraremos más casos de uso y cómo puedes aprovechar GPT-4 en tus propios proyectos.

Ahora que hemos cubierto el panorama general y el potencial de GPT-4, en los siguientes capítulos nos sumergiremos en los conceptos fundamentales, cómo preparar el entorno, cómo interactuar con GPT-4 a través de la API y mucho más. Recuerda que estamos aquí para guiarte en cada paso del camino, explicándote los conceptos de manera clara y accesible, con ejemplos y casos de uso concretos para que puedas comprender y aplicar fácilmente lo que aprendas.

Así que no te preocupes si sientes que aún no entiendes completamente todos los detalles sobre GPT-4. A medida que avancemos en los capítulos, te familiarizarás con los conceptos, las herramientas y las aplicaciones, y te darás cuenta de que GPT-4 no es un misterio inalcanzable, sino una herramienta increíblemente útil y poderosa que puedes aprovechar en tus proyectos y en tu vida diaria.

En el próximo capítulo, nos adentraremos en los conceptos fundamentales de GPT-4, como la tokenización, los mecanismos de atención, las redes neuronales y el entrenamiento de modelos. Estos conceptos forman la base de cómo funciona GPT-4 y, al comprenderlos, estarás mucho más preparado para sacar el máximo provecho de esta increíble tecnología.

Así que, ¡ánimo! Estás a punto de adentrarte en el apasionante mundo de GPT-4 y la inteligencia artificial, y estamos aquí para ayudarte en cada paso del camino. ¡Empecemos!

CONCEPTOS FUNDAMENTALES DE GPT-4

Tokenización y mecanismos de atención

Aquí exploraremos algunos conceptos clave que te ayudarán a comprender cómo funciona GPT-4.

Empezamos con la tokenización. La tokenización es el proceso de dividir el texto en unidades más pequeñas, llamadas tokens. Estos tokens pueden ser palabras, caracteres o subpalabras, dependiendo del enfoque utilizado. GPT-4 utiliza un método llamado "Byte Pair Encoding" (BPE) para dividir el texto en subpalabras, lo que le permite manejar eficientemente una gran cantidad de vocabulario y lidiar con palabras desconocidas o poco comunes.

Una vez que tenemos el texto dividido en tokens, GPT-4 utiliza mecanismos de atención para relacionar y ponderar estos tokens en función de su relevancia en el contexto. La atención es una técnica que permite al modelo centrarse en diferentes partes del texto al generar una respuesta. Esto es especialmente útil para entender y procesar el contexto en oraciones largas o textos con información relacionada en diferentes partes.

Redes neuronales y funciones de activación

GPT-4 es un tipo de red neuronal llamada "Transformer". Las redes neuronales son modelos matemáticos inspirados en la estructura y el funcionamiento del cerebro humano. Están compuestas por capas de nodos llamados neuronas, que están interconectadas y transmiten información entre sí.

Las neuronas utilizan funciones de activación para determinar si transmiten o no información a la siguiente capa. Estas funciones imitan el comportamiento de las neuronas biológicas, que solo transmiten señales si reciben suficiente estimulación. Algunas funciones de activación comunes incluyen la función sigmoide, la tangente hiperbólica (tanh) y la función ReLU (Rectified Linear Unit).

Entrenamiento y ajuste de modelos GPT-4

El entrenamiento de un modelo como GPT-4 implica enseñarle a comprender y generar texto a través de un proceso de aprendizaje supervisado. Durante el entrenamiento, el modelo recibe pares de texto de entrada y salida, y aprende a predecir la salida correcta a partir de la entrada. Esto se logra mediante la optimización de los parámetros del modelo (pesos y sesgos) utilizando un algoritmo de optimización y una función de pérdida que mide la diferencia entre las predicciones del modelo y las salidas reales.

Una vez que el modelo ha sido entrenado, puede ser afinado o ajustado para adaptarse a tareas específicas o dominios particulares. El ajuste implica entrenar el modelo con un conjunto de datos adicional y más específico, permitiendo que el modelo se especialice en la tarea deseada sin tener que ser entrenado desde cero. Esto es útil para aplicaciones como la generación de texto en un dominio específico o la clasificación de texto según criterios particulares.

En este capítulo, hemos cubierto algunos conceptos fundamentales de GPT-4, como la tokenización, los mecanismos de atención, las redes neuronales y el entrenamiento de modelos. Estos conceptos son esenciales para comprender cómo funciona GPT-4 y cómo puedes aplicarlo en tus proyectos. En los siguientes capítulos, aprenderás cómo preparar el entorno de trabajo para GPT-4, cómo interactuar con el modelo a través de la API y cómo aprovechar sus capacidades en diversas aplicaciones y casos de uso.

En el próximo capítulo, te guiaremos a través del proceso de preparación del entorno para GPT-4, incluyendo los requisitos de hardware y software, cómo acceder y configurar la API de GPT-4 y las herramientas de desarrollo que te ayudarán a sacar el máximo provecho de esta increíble tecnología.

Recuerda que nuestro objetivo es hacer que estos conceptos sean accesibles y comprensibles para principiantes, por lo que seguiremos utilizando ejemplos claros y explicaciones sencillas a lo largo del libro. No te preocupes si no entiendes todo de inmediato, la práctica y la experiencia te ayudarán a familiarizarte con GPT-4 y sus aplicaciones.

Estamos aquí para apoyarte en cada paso del camino, y queremos que te sientas confiado y entusiasmado al explorar el mundo de GPT-4 y la inteligencia artificial. Así que sigue adelante, ¡el camino hacia la IA te espera! ¡Hasta el próximo capítulo!

PREPARANDO EL ENTORNO PARA GPT-4

Requisitos de hardware y software

Antes de sumergirnos en GPT-4, es fundamental tener un entorno adecuado de hardware y software. Vamos a repasar los requisitos básicos para trabajar con GPT-4 de manera efectiva.

Hardware: GPT-4 es un modelo de IA muy potente y, como tal, necesita recursos de hardware adecuados para funcionar de manera eficiente. Por lo general, se recomienda utilizar una GPU (unidad de procesamiento gráfico) para acelerar los cálculos. Si no tienes una GPU, también puedes utilizar la CPU (unidad de procesamiento central), pero el rendimiento será más lento. Si planeas trabajar con GPT-4 a gran escala, es posible que desees invertir en hardware específico o utilizar servicios en la nube que proporcionen GPUs.

Software: Para trabajar con GPT-4, necesitarás instalar Python, ya que la mayoría de las bibliotecas y herramientas relacionadas con GPT-4 están escritas en este lenguaje de programación. Además, asegúrate de instalar las bibliotecas de Python necesarias, como TensorFlow o PyTorch, que son utilizadas para construir y entrenar modelos de IA como GPT-4.

Acceso a la API de GPT-4 y configuración

Para empezar a utilizar GPT-4, tendrás que obtener acceso a su API (interfaz de programación de aplicaciones). La API de GPT-4 es proporcionada por OpenAI, la organización que desarrolló el modelo. Para obtener acceso, visita el sitio web de OpenAI y regístrate para obtener una cuenta. Una vez que hayas creado una cuenta, recibirás una clave de API, que te permitirá interactuar con GPT-4 desde tus propios programas y aplicaciones.

Una vez que hayas obtenido tu clave de API, podrás configurar tu entorno de desarrollo para trabajar con GPT-4. Esto incluye instalar las bibliotecas de Python necesarias para interactuar con la API, como la biblioteca "openai". También necesitarás configurar tus programas para que utilicen tu clave de API al hacer solicitudes a la API de GPT-4.

Herramientas de desarrollo y entorno de trabajo

Ahora que tienes tu hardware, software y acceso a la API configurados, es hora de elegir las herramientas de desarrollo y establecer un entorno de trabajo que te permita aprovechar al máximo GPT-4. Algunas opciones populares incluyen:

- Editores de texto e IDEs: Elige un editor de texto o un entorno de desarrollo integrado (IDE) que te resulte cómodo y que admita Python. Algunas opciones populares incluyen Visual Studio Code, PyCharm y Jupyter Notebook.

* Control de versiones: Utiliza un sistema de control de versiones como Git para llevar un registro de los cambios en tu código y colaborar con otros desarrolladores.

* Entornos virtuales: Utiliza entornos virtuales de Python para aislar las dependencias de tus proyectos y mantener tu entorno de desarrollo limpio y organizado.

Recuerda que estamos aquí para guiarte a lo largo de todo el proceso, desde la configuración del entorno hasta la creación de aplicaciones y proyectos basados en GPT-4. A lo largo de este libro, proporcionaremos ejemplos claros y explicaciones detalladas para ayudarte a comprender los conceptos y técnicas relacionadas con GPT-4. También te ofreceremos ejemplos prácticos y casos de uso que te permitirán ver cómo aplicar GPT-4 en situaciones reales y proyectos de la vida cotidiana.

En los próximos capítulos, aprenderás cómo interactuar con GPT-4 a través de la API, cómo generar texto utilizando el modelo, cómo afinarlo para adaptarlo a tus necesidades específicas y cómo aplicarlo en diversos casos de uso, como la creación de chatbots y asistentes virtuales, la generación de contenido y la clasificación de texto.

Además, abordaremos temas importantes como los aspectos éticos y responsables del uso de GPT-4, cómo integrarlo en tus proyectos de principiante y cómo sacar provecho de las oportunidades y tendencias futuras en inteligencia artificial.

A lo largo de tu viaje, no olvides que estamos aquí para apoyarte y guiarte. Si en algún momento te sientes abrumado o confundido, no dudes en repasar los capítulos anteriores o pedir ayuda a otros desarrolladores y entusiastas de la inteligencia artificial. El aprendizaje es un proceso continuo, y todos enfrentamos desafíos y obstáculos en el camino.

¡Ahora que has establecido tu entorno de desarrollo y estás listo para comenzar a explorar GPT-4, sigamos adelante con el siguiente capítulo, donde aprenderemos a interactuar con GPT-4 a través de la API y descubrir cómo aprovechar al máximo sus increíbles capacidades!

INTERACCIÓN CON GPT-4 A TRAVÉS DE LA API

Conexión y autenticación en la API

Una vez que hayas obtenido tu clave de API y configurado tu entorno de desarrollo, el siguiente paso es conectar y autenticarte en la API de GPT-4. La autenticación es esencial para asegurar que solo las personas autorizadas puedan acceder y utilizar el modelo.

Para conectarte y autenticarte en la API de GPT-4, sigue estos pasos:

Importa la biblioteca **openai** en tu script de Python:

```
import openai
```

Configura tu clave de API:

```python
openai.api_key = "tu_clave_de_API"
```

Recuerda reemplazar "tu_clave_de_API" con la clave de API real que obtuviste al registrarte en el sitio web de OpenAI.

Solicitudes, respuestas y manejo de errores

Ahora que estás conectado y autenticado en la API, es hora de aprender cómo realizar solicitudes y procesar respuestas. Al trabajar con la API de GPT-4, es importante manejar adecuadamente los errores y asegurarte de que tus solicitudes sean válidas y estén bien formadas.

Aquí hay un ejemplo básico de cómo realizar una solicitud de generación de texto a GPT-4:

```python
respuesta = openai.Completion.create(
    engine="text-davinci-002",
    prompt="¿Cuál es la capital de Francia?",
    max_tokens=10,
    n=1,
    stop=None,
    temperature=0.5
```

)

En este ejemplo, estamos utilizando el motor "text-davinci-002" para generar una respuesta a la pregunta "¿Cuál es la capital de Francia?". Los parámetros adicionales, como **max_tokens**, **n** y **temperature**, controlan el comportamiento de la generación de texto.

Una vez que recibes la respuesta de la API, puedes procesarla y extraer la información relevante. Por ejemplo, para obtener el texto generado:

```python
texto_generado = respuesta.choices[0].text.strip()
print(texto_generado)
```

Al trabajar con la API, es posible que encuentres errores, como solicitudes mal formadas o problemas de autenticación. Para manejar estos errores de manera efectiva, puedes utilizar bloques **try** y **except** en Python:

```python
try:
    # Realiza la solicitud a la API aquí
except openai.Error as error:
    # Maneja el error aquí
    print(f"Ocurrió un error: {error}")
```

Control y optimización en el uso de la API

Al interactuar con la API de GPT-4, es importante controlar y optimizar su uso para garantizar que estés aprovechando al máximo las capacidades del modelo sin exceder los límites de la API o consumir recursos innecesarios.

Algunas estrategias para optimizar el uso de la API incluyen:

- Ajustar los parámetros de la solicitud: Experimenta con diferentes valores para los parámetros de generación de texto, como max_tokens, n y temperature, para encontrar el equilibrio adecuado entre calidad y eficiencia.

- Utilizar modelos más pequeños cuando sea posible: GPT-4 ofrece varios modelos de diferente tamaño y rendimiento. Siempre que sea posible, utiliza modelos más pequeños, como "text-curie-002" o "text-babbage-002", que consumen menos recursos y son más rápidos que los modelos más grandes como "text-davinci-002". Sin embargo, ten en cuenta que los modelos más pequeños podrían no ser tan precisos o versátiles como los más grandes.

- Almacenar en caché las respuestas frecuentes: Si tu aplicación realiza consultas similares con frecuencia, considera almacenar en caché las respuestas para no tener que solicitarlas nuevamente a la API. Esto puede ahorrar tiempo y reducir el consumo de recursos.

- Validar y filtrar las solicitudes: Antes de enviar una solicitud a la API, asegúrate de que sea válida y bien formada. También puedes filtrar las solicitudes innecesarias o redundantes para evitar sobrecargar la API.

- Monitorear y gestionar tus límites de la API: La API de GPT-4 tiene límites de uso, como límites de velocidad y límites de tokens por mes. Asegúrate de monitorear tus estadísticas de uso y ajustar tus solicitudes en consecuencia para no exceder estos límites.

En resumen, en este capítulo, aprendimos cómo conectarnos y autenticarnos en la API de GPT-4, cómo realizar solicitudes y procesar respuestas, y cómo controlar y optimizar el uso de la API para garantizar un rendimiento eficiente y eficaz. A medida que avanzamos en los siguientes capítulos, exploraremos cómo generar texto con GPT-4, afinar el modelo para adaptarlo a tus necesidades específicas y aplicarlo en diversos casos de uso, como la creación de chatbots y asistentes virtuales, la generación de contenido y la clasificación de texto. Recuerda siempre que estás aprendiendo y que cada paso que das en este proceso te acerca más a convertirte en un experto en GPT-4 y la inteligencia artificial. ¡Sigue adelante!

GENERACIÓN DE TEXTO CON GPT-4

Ajuste de parámetros para la generación de texto

La generación de texto con GPT-4 es altamente personalizable, y puedes ajustar varios parámetros para obtener los resultados deseados. A continuación, se describen algunos de los parámetros más comunes y cómo ajustarlos:

- **max_tokens**: Este parámetro establece la cantidad máxima de tokens que se generarán en la respuesta. Puedes ajustarlo según la longitud del texto que desees obtener.

- **temperature**: Controla la "creatividad" de la generación de texto. Un valor más bajo (por ejemplo, 0.2) dará como resultado un texto más conservador y predecible, mientras que un valor más alto (por ejemplo, 1) hará que la generación sea más creativa e impredecible.

- **top_p**: Este parámetro se utiliza en la técnica de muestreo "Nucleus Sampling". Establece la probabilidad acumulada de los tokens que se considerarán en la generación de texto. Un valor más bajo dará como resultado un texto más conservador, mientras que un valor más alto permitirá una mayor diversidad en las respuestas.

Uso de prompts y contextos en las respuestas

Los "prompts" son fragmentos de texto que se utilizan como entrada para GPT-4, y guían al modelo en la generación de una respuesta adecuada. Los prompts pueden ser preguntas, declaraciones o cualquier otra pieza de texto que quieras que GPT-4 continúe o responda.

Por ejemplo, si deseas que GPT-4 te proporcione una lista de beneficios de hacer ejercicio, podrías utilizar el siguiente prompt:

```
"Lista tres beneficios de hacer ejercicio regularmente."
```

Además de los prompts, también puedes proporcionar contexto para mejorar la calidad de las respuestas generadas. Por ejemplo, si estás creando un chatbot, puedes incluir el historial de conversación como contexto para que GPT-4 pueda generar respuestas coherentes y relevantes.

Filtrado y procesamiento del texto generado

Una vez que hayas generado texto con GPT-4, es posible que desees filtrar y procesar el resultado para asegurarte de que cumple con tus expectativas y necesidades. Algunas técnicas comunes de filtrado y procesamiento incluyen:

- Eliminación de espacios en blanco y caracteres especiales: Puedes utilizar funciones de Python como **strip()** para eliminar espacios en blanco innecesarios y caracteres especiales del texto generado.
- Filtrado de palabras o frases inapropiadas: Si deseas evitar contenido ofensivo o inapropiado en las respuestas generadas, puedes crear una lista de palabras o frases prohibidas y filtrar el texto generado para eliminar o reemplazar dichas palabras.
- División y reorganización del texto: Si la respuesta generada es muy larga o necesita ser dividida en segmentos más pequeños, puedes utilizar funciones de Python como **split()** y **join()** para dividir el texto en partes y reorganizarlo según sea necesario.

Recuerda que, al trabajar con GPT-4 y la generación de texto, es crucial experimentar y ajustar los parámetros y técnicas de procesamiento para obtener los resultados deseados. No dudes en iterar y probar diferentes enfoques hasta que encuentres la combinación perfecta para tus necesidades específicas.

En resumen, en este capítulo, aprendimos cómo ajustar los parámetros para la generación de texto con GPT-4, cómo utilizar prompts y contextos para guiar las respuestas del modelo y cómo filtrar y procesar el texto generado para adaptarlo a nuestras necesidades. Estos conceptos son fundamentales para crear aplicaciones y proyectos basados en GPT-4, y te ayudarán a aprovechar al máximo las capacidades de este potente modelo de lenguaje.

A medida que sigas explorando GPT-4 y sus aplicaciones, no olvides que eres un principiante y que cada paso que das en este proceso te acerca más a convertirte en un experto en inteligencia artificial. Practica, experimenta y no tengas miedo de cometer errores. La experiencia y la comprensión que adquieras a lo largo de tu viaje te permitirán abordar proyectos cada vez más complejos y emocionantes.

En los próximos capítulos, abordaremos temas como el afinado básico de GPT-4, aplicaciones iniciales como la creación de chatbots y asistentes virtuales básicos, y aspectos éticos y responsables en el uso de GPT-4. ¡Sigue adelante y continúa explorando el fascinante mundo de la inteligencia artificial y GPT-4!

AFINADO BÁSICO DE GPT-4

Importancia y beneficios del afinado

El afinado es un proceso clave en el trabajo con GPT-4 y otros modelos de lenguaje. Este proceso consiste en ajustar el modelo preentrenado utilizando un conjunto de datos específico para adaptarlo a un dominio o tarea particular. Al afinar el modelo, se mejora su rendimiento y se adapta a las necesidades de tu aplicación o proyecto.

Los beneficios del afinado son múltiples:

1. Personalización: El afinado permite adaptar el modelo a las necesidades específicas de tu proyecto, lo que aumenta la precisión y la relevancia de las respuestas generadas.

2. Eficiencia: Un modelo afinado puede ser más eficiente en términos de tiempo de respuesta y uso de recursos, ya que se centra en un dominio más restringido y está optimizado para ese propósito.
3. Privacidad: Al afinar el modelo con tus propios datos, puedes tener un mayor control sobre la información que se utiliza en el proceso de generación de texto, lo que ayuda a proteger la privacidad de tus usuarios.

Preparación y tokenización de datos

La preparación de los datos es un paso esencial en el proceso de afinado. Primero, debes recopilar un conjunto de datos relevante y de alta calidad relacionado con el dominio o la tarea que deseas abordar con GPT-4. Por ejemplo, si quieres crear un chatbot para responder preguntas sobre cuidado de mascotas, necesitarás recopilar textos que aborden este tema.

Una vez que tengas los datos, es necesario tokenizarlos. La tokenización es el proceso de dividir el texto en unidades más pequeñas llamadas tokens. En el caso de GPT-4, estos tokens son subpalabras o caracteres, según la longitud del texto y el modelo utilizado. La tokenización es esencial para que GPT-4 pueda procesar y aprender de los datos.

Entrenamiento y evaluación de modelos afinados

Después de preparar y tokenizar los datos, el siguiente paso es entrenar el modelo. Durante el entrenamiento, GPT-4 ajusta sus parámetros internos para adaptarse a los datos proporcionados. Este proceso puede llevar varias horas o días, dependiendo de la cantidad de datos y la capacidad de cómputo disponible.

Una vez completado el entrenamiento, es importante evaluar el rendimiento del modelo afinado. Esto se puede hacer mediante la comparación de las respuestas generadas por el modelo afinado con un conjunto de datos de prueba o mediante la medición de métricas específicas, como la precisión, la exhaustividad y el valor F1. La evaluación permite determinar si el modelo afinado cumple con tus expectativas y si es necesario realizar ajustes adicionales en el proceso de afinado.

Por ejemplo, supongamos que has afinado GPT-4 para responder preguntas sobre el cuidado de mascotas. Para evaluar el rendimiento del modelo, podrías proporcionarle preguntas de prueba y comparar sus respuestas con las respuestas correctas o esperadas. Si el modelo genera respuestas precisas y relevantes, entonces podrías considerar que el proceso de afinado ha sido exitoso.

En resumen, el afinado básico de GPT-4 es un proceso esencial para adaptar el modelo a tus necesidades específicas. Al entender la importancia y los beneficios del afinado, preparar y tokenizar tus datos correctamente, y realizar el entrenamiento y la evaluación de los modelos afinados, estarás en camino hacia el desarrollo de aplicaciones y proyectos más precisos y eficientes con GPT-4.

Recuerda que, como principiante, es importante tomarse el tiempo para comprender cada uno de estos pasos y aplicarlos en la práctica. A continuación, te ofrecemos algunos ejemplos adicionales para ilustrar mejor el proceso de afinado:

Ejemplo 1: Si estás desarrollando una aplicación que proporciona recomendaciones de restaurantes, podrías afinar GPT-4 utilizando reseñas de restaurantes y datos sobre tipos de comida, ubicaciones y precios. Al hacerlo, el modelo estaría mejor preparado para generar recomendaciones precisas y relevantes para los usuarios.

Ejemplo 2: Imagina que quieres crear un asistente virtual para ayudar a los estudiantes a aprender matemáticas. En este caso, podrías afinar GPT-4 utilizando ejercicios de matemáticas resueltos, explicaciones de conceptos y fórmulas, y preguntas y respuestas frecuentes sobre el tema. Así, el modelo sería más efectivo para guiar a los estudiantes en su aprendizaje.

Ejemplo 3: Supongamos que deseas desarrollar un sistema de análisis de sentimientos para comentarios de productos en línea. Para afinar GPT-4 adecuadamente, podrías utilizar conjuntos de datos de comentarios etiquetados con sentimientos positivos, negativos o neutros. De esta manera, el modelo sería capaz de clasificar con mayor precisión el sentimiento de los comentarios analizados.

En definitiva, al seguir estos consejos y ejemplos, estarás mejor preparado para abordar el afinado básico de GPT-4 y aprovechar al máximo sus capacidades en tus proyectos y aplicaciones. No olvides que la práctica y la experimentación son clave para dominar estas habilidades y obtener resultados exitosos en el mundo de la inteligencia artificial.

APLICACIONES INICIALES DE GPT-4

Creación de chatbots y asistentes virtuales básicos

Una de las aplicaciones más comunes de GPT-4 es la creación de chatbots y asistentes virtuales. Estas herramientas pueden ser utilizadas en diversas áreas, como atención al cliente, educación o entretenimiento. Un ejemplo sencillo de chatbot podría ser uno que responda a preguntas frecuentes sobre un producto o servicio.

Para crear un chatbot básico, podrías proporcionarle a GPT-4 ejemplos de diálogos entre usuarios y asistentes virtuales, así como una lista de preguntas y respuestas frecuentes. Esto ayudaría a que el modelo aprenda a responder de manera más adecuada a las consultas de los usuarios.

Generación de contenido y escritura automática simple

Otra aplicación popular de GPT-4 es la generación de contenido y la escritura automática. Esto puede ser útil para tareas como redacción de artículos, creación de publicaciones en redes sociales o redacción de mensajes promocionales. Por ejemplo, podrías utilizar GPT-4 para generar ideas de artículos de blog o para escribir descripciones de productos en una tienda en línea.

Para lograr esto, podrías proporcionarle al modelo ejemplos de textos bien escritos en el área de interés y ajustar los parámetros de generación para obtener resultados más coherentes y relevantes. También es importante revisar y editar el texto generado para asegurar su calidad y pertinencia.

Clasificación de texto y análisis de sentimientos

GPT-4 también puede ser utilizado para tareas de clasificación de texto y análisis de sentimientos. Por ejemplo, podrías crear un modelo que clasifique las opiniones de los clientes en positivas, negativas o neutras, o que identifique temas específicos en un conjunto de textos.

Para entrenar a GPT-4 en estas tareas, deberás proporcionarle ejemplos de textos etiquetados con la clasificación deseada. Por ejemplo, si estás trabajando en un análisis de sentimientos, podrías usar un conjunto de datos de comentarios de productos etiquetados con sentimientos positivos, negativos o neutros.

En resumen, estas aplicaciones iniciales de GPT-4 te permitirán explorar las capacidades del modelo y entender cómo puede ser utilizado en tus proyectos y aplicaciones. A medida que adquieras experiencia y conocimientos en el uso de GPT-4, podrás abordar proyectos más complejos y avanzados. Recuerda siempre practicar y experimentar con diferentes enfoques y ajustes para obtener los mejores resultados posibles.

Aquí tienes algunos ejemplos que podrían ayudarte a entender mejor las aplicaciones de GPT-4 mencionadas en el capítulo 7:

Ejemplo 1: Chatbot para atención al cliente

Imagina que tienes una tienda en línea de productos electrónicos y deseas implementar un chatbot para responder a preguntas frecuentes de los clientes. Podrías entrenar a GPT-4 con ejemplos de conversaciones reales entre clientes y agentes de soporte, incluyendo preguntas como "¿Cuál es el tiempo de entrega?", o "¿Cómo puedo devolver un producto?". Una vez entrenado, el chatbot podría responder a las consultas de los clientes de forma automática y eficiente, mejorando la experiencia del usuario.

Ejemplo 2: Generación de ideas para artículos de blog

Supongamos que eres el propietario de un blog sobre alimentación saludable y deseas generar ideas para nuevos artículos. Podrías utilizar GPT-4 para generar títulos y temas interesantes basados en una lista de palabras clave relacionadas con la alimentación saludable, como "recetas vegetarianas", "alimentos orgánicos" o "superalimentos". El modelo podría sugerir títulos como "10 recetas vegetarianas fáciles y deliciosas" o "Los beneficios de los alimentos orgánicos para la salud".

Ejemplo 3: Análisis de sentimientos en comentarios de productos

Imagina que tienes una plataforma de reseñas de películas y deseas analizar los sentimientos de los usuarios sobre las películas más recientes. Podrías entrenar a

GPT-4 con un conjunto de datos de comentarios etiquetados como positivos, negativos o neutros, y luego utilizar el modelo para clasificar automáticamente los nuevos comentarios en función de su sentimiento. Esto te permitiría tener una visión general del sentimiento de los usuarios hacia las diferentes películas y mejorar las recomendaciones en tu plataforma.

Estos ejemplos son solo una muestra de lo que puedes lograr utilizando GPT-4 en diferentes aplicaciones y proyectos. A medida que te familiarices con el modelo y sus capacidades, podrás experimentar con otros casos de uso y descubrir nuevas posibilidades para mejorar y optimizar tus proyectos.

ASPECTOS ÉTICOS Y RESPONSABLES DE GPT-4

Sesgos en modelos de lenguaje y su mitigación

Los modelos de lenguaje como GPT-4 se entrenan con grandes volúmenes de texto provenientes de diversas fuentes en internet. Dado que estos textos pueden contener sesgos y estereotipos, es posible que GPT-4 también los reproduzca. Para abordar este problema, es fundamental reconocer y mitigar estos sesgos.

Ejemplo 1: Imagina que estás utilizando GPT-4 para generar descripciones de empleo. Si el modelo ha aprendido sesgos de género a partir de los datos de entrenamiento, podría generar descripciones que refuercen estereotipos.

Para mitigar esto, podrías revisar y ajustar manualmente el texto generado o utilizar técnicas de procesamiento del lenguaje natural (NLP) para identificar y corregir posibles sesgos.

Ejemplo 2: Supongamos que estás utilizando GPT-4 para crear un asistente virtual de contratación de empleados. Si el modelo ha aprendido sesgos raciales o culturales, podría favorecer ciertos perfiles de candidatos en lugar de evaluarlos de manera justa. Para abordar este problema, podrías utilizar algoritmos de equidad algorítmica o métricas de diversidad para analizar y ajustar los resultados generados por GPT-4.

Uso consciente y responsable de GPT-4

Es importante utilizar GPT-4 de manera responsable, asegurándote de que las aplicaciones que desarrolles sean éticas y no causen daño.

Ejemplo 1: Si creas un chatbot para brindar asesoramiento médico, debes ser consciente de que GPT-4 no es un experto en medicina y podría proporcionar información errónea o incluso peligrosa. En este caso, es fundamental contar con la supervisión de profesionales médicos y establecer límites claros sobre qué temas puede abordar el chatbot.

Ejemplo 2: Si utilizas GPT-4 para desarrollar un asistente de redacción que ayuda a los estudiantes con sus trabajos académicos, es fundamental asegurar que la herramienta no promueva el plagio. Podrías implementar un sistema de detección de plagio o diseñar la herramienta para que ofrezca orientación y sugerencias en lugar de generar textos completos automáticamente.

Privacidad y seguridad en aplicaciones basadas en GPT-4

La privacidad y la seguridad son aspectos cruciales al desarrollar aplicaciones que utilicen GPT-4. Debes garantizar que la información personal de los usuarios esté protegida y que se cumplan las leyes y regulaciones de privacidad.

Ejemplo 1: Si utilizas GPT-4 para analizar y procesar correos electrónicos en una aplicación, debes asegurarte de que el contenido de los correos electrónicos se maneje de manera segura y que no se compartan con terceros sin el consentimiento del usuario. Esto podría incluir el uso de cifrado y otras medidas de seguridad para proteger los datos.

Ejemplo 2: Imagina que has creado una aplicación de asesoramiento financiero utilizando GPT-4. Es esencial garantizar que la información financiera de los usuarios, como números de cuenta y saldos, esté protegida adecuadamente. Para ello, podrías emplear técnicas de anonimización y pseudonimización, así como implementar un sistema de autenticación sólido para proteger el acceso a la información.

En este capítulo, hemos abordado algunos de los aspectos éticos y responsables al trabajar con GPT-4. Los ejemplos brindan el contexto sobre cómo abordar los aspectos éticos y responsables de GPT-4 en diferentes situaciones. Al tener en cuenta estos temas, puedes garantizar que tus aplicaciones sean justas, seguras y respetuosas con los usuarios y sus datos.

INTEGRACIÓN DE GPT-4 EN PROYECTOS PARA PRINCIPIANTES

Implementación de GPT-4 en aplicaciones básicas

Ejemplo 1: Supongamos que deseas crear una aplicación básica de preguntas y respuestas. Para ello, puedes utilizar GPT-4 para generar respuestas coherentes y útiles a las preguntas realizadas por los usuarios. Por ejemplo, los usuarios podrían preguntar sobre datos históricos, consejos de jardinería o incluso recomendaciones de películas.

Ejemplo 2: Imagina que deseas crear una aplicación para dispositivos móviles que ayude a las personas a encontrar recetas basadas en los ingredientes que tienen a mano. Podrías utilizar GPT-4 para generar recetas que incluyan esos ingredientes específicos y proporcionar instrucciones claras y sencillas de cómo preparar cada plato.

Ejemplo 3: Supongamos que te gustaría desarrollar una aplicación de meditación y bienestar. Podrías usar GPT-4 para generar afirmaciones positivas, consejos de relajación y técnicas de respiración que los usuarios puedan aplicar en su vida diaria para reducir el estrés y mejorar su bienestar emocional.

Uso de GPT-4 en proyectos personales y educativos

Ejemplo 1: Imagina que eres un estudiante de historia y deseas crear un blog que explique de manera amena y sencilla eventos históricos relevantes. Podrías utilizar GPT-4 para generar breves resúmenes o explicaciones sobre ciertos períodos o acontecimientos, y luego adaptar y mejorar esos textos antes de publicarlos en tu blog.

Ejemplo 2: Supón que eres un profesor de idiomas y deseas crear un conjunto de ejercicios de gramática y vocabulario para tus estudiantes. Podrías utilizar GPT-4 para generar ejemplos de oraciones que contengan estructuras gramaticales específicas o palabras clave, y luego utilizar esos ejemplos para crear ejercicios y actividades de práctica.

Ejemplo 3: Si eres un entusiasta de la literatura y deseas escribir un libro de cuentos, podrías utilizar GPT-4 para generar ideas de tramas, personajes y escenarios. Luego, podrías desarrollar y expandir estas ideas en cuentos completos y coherentes.

Ejemplo 4: Imagina que eres un músico y deseas componer letras para tus canciones. Podrías usar GPT-4 para generar versos y estribillos basados en temas o emociones específicas que desees transmitir en tus composiciones.

Estrategias iniciales de monetización con GPT-4

Ejemplo 1: Si eres un diseñador de sitios web, podrías ofrecer un servicio adicional a tus clientes utilizando GPT-4 para generar contenido de alta calidad para sus sitios. Por ejemplo, podrías utilizar GPT-4 para crear descripciones atractivas y persuasivas de productos en tiendas en línea o para redactar artículos de blog que aborden temas relevantes para el público objetivo de tus clientes.

Ejemplo 2: Imagina que has creado un juego de preguntas y respuestas en línea basado en GPT-4. Podrías monetizar el juego ofreciendo una versión gratuita con anuncios y una versión premium sin anuncios y con características adicionales. También podrías ofrecer paquetes temáticos de preguntas y respuestas que los usuarios pueden comprar para ampliar sus conocimientos en áreas específicas.

Ejemplo 3: Si tienes habilidades en marketing digital, podrías ofrecer servicios de creación de contenido basado en GPT-4 a empresas y profesionales que deseen mejorar su presencia en línea. Por ejemplo, podrías utilizar GPT-4 para generar publicaciones en redes sociales, correos electrónicos promocionales y otros materiales de marketing que atraigan a los clientes y aumenten las ventas.

Ejemplo 4: Supón que has creado un chatbot inteligente basado en GPT-4 que ayuda a las personas a organizar sus viajes y vacaciones. Podrías monetizar este servicio mediante la implementación de comisiones por reservas de hoteles, vuelos y actividades turísticas realizadas a través de tu chatbot.

Al seguir estos ejemplos y consejos, los principiantes podrán integrar GPT-4 en sus proyectos de manera efectiva y, al mismo tiempo, aprender a sacarle el máximo provecho a esta potente herramienta de inteligencia artificial.

Los ejemplos te ayudarán a comprender aún mejor cómo GPT-4 puede ser utilizado en diversos proyectos y aplicaciones, tanto personales como profesionales, y cómo puedes empezar a monetizar tus habilidades y conocimientos en esta área.

EL FUTURO DE GPT Y LA INTELIGENCIA ARTIFICIAL

Investigaciones actuales y desarrollos futuros

Ejemplo 1: Los investigadores están trabajando en mejorar la comprensión del contexto y la coherencia en los modelos de lenguaje como GPT-4, lo que permitiría generar respuestas y textos aún más precisos y relevantes en función de las necesidades del usuario.

Ejemplo 2: Se están explorando técnicas de aprendizaje no supervisado para reducir la cantidad de datos necesarios durante el entrenamiento de modelos de IA como GPT-4, lo que podría mejorar la eficiencia y reducir los costes de desarrollo.

Ejemplo 3: Los avances en la creación de modelos de IA más pequeños y eficientes permitirán la implementación de GPT-4 en dispositivos con recursos limitados, como teléfonos móviles o dispositivos IoT, abriendo nuevas posibilidades de uso.

Ejemplo 4: La colaboración entre humanos y IA está en constante evolución, y se espera que, en el futuro, GPT-4 y otras tecnologías similares puedan asumir roles más especializados y trabajar en conjunto con los profesionales para mejorar la calidad y eficiencia del trabajo.

Limitaciones y desafíos en la evolución de GPT

Ejemplo 1: A pesar de su potencia, GPT-4 aún puede generar respuestas incoherentes o incorrectas, lo que significa que los desarrolladores y usuarios deben tener precaución al utilizarlo en aplicaciones críticas o sensibles.

Ejemplo 2: El entrenamiento y uso de modelos de IA como GPT-4 requiere una gran cantidad de recursos computacionales y energéticos, lo que plantea preocupaciones ambientales y de sostenibilidad.

Ejemplo 3: La protección de la privacidad de los datos es un desafío en el mundo de la IA, ya que los modelos como GPT-4 podrían exponer información personal o confidencial si no se manejan correctamente.

Ejemplo 4: A medida que la IA avanza, la preocupación por el desplazamiento laboral y el impacto en el empleo humano crece, lo que requiere un enfoque consciente y responsable en el desarrollo y adopción de tecnologías como GPT-4.

Tendencias y oportunidades en inteligencia artificial

Ejemplo 1: La personalización y adaptabilidad de los modelos de IA como

GPT-4 abrirá nuevas oportunidades en la creación de aplicaciones y servicios personalizados para satisfacer las necesidades individuales de los usuarios.

Ejemplo 2: La inteligencia artificial, incluido GPT-4, jugará un papel cada vez más importante en la medicina y la atención médica, desde el diagnóstico hasta el desarrollo de tratamientos y el seguimiento del paciente.

Ejemplo 3: La adopción de IA en la industria del entretenimiento continuará creciendo, con GPT-4 y tecnologías similares que permiten la generación de guiones, efectos visuales y otros aspectos creativos de manera más eficiente.

Ejemplo 4: La IA, incluido GPT-4, se utilizará cada vez más en la educación, desde la creación de contenidos educativos personalizados hasta la evaluación y retroalimentación del aprendizaje de los estudiantes, mejorando la calidad y accesibilidad de la educación en todo el mundo.

PREGUNTAS SOBRE TEMAS QUE DEBES HACER A CHAT GPT-4 PARA QUE ENTIENDAS ESTE LIBRO

Ha llegado la hora de practicar que, sin duda, es la mejor manera de aprender. Aunque algunos temas ya están explicados en este libro, es bueno que seas tú mismo quien haga las preguntas. Aprender a preguntar es fundamental para una utilización productiva de Chat GPT-4

Aquí tienes una serie de preguntas sobre los temas de este libro que Chat GPT-4 estará encantado de contestarte.

Introducción a la inteligencia artificial

¿Qué es la inteligencia artificial y cómo funciona?

¿Cuáles son las diferencias entre inteligencia artificial, aprendizaje automático y aprendizaje profundo?

¿Qué tipos de problemas puede resolver la inteligencia artificial?

Modelos de lenguaje y GPT-4

¿Qué es un modelo de lenguaje y cómo se entrena?

¿Cuáles son las características principales de GPT-4?

¿En qué se diferencia GPT-4 de sus predecesores, como GPT-3?

Aplicaciones de GPT-4

¿Cuáles son algunas aplicaciones comunes de GPT-4 en la vida diaria?

¿Cómo puede GPT-4 ayudar en la generación de texto y la escritura automática?

¿Puede GPT-4 ser utilizado para crear chatbots y asistentes virtuales?

Acceso y configuración de la API de GPT-4

¿Cómo puedo obtener acceso a la API de GPT-4?

¿Cuáles son los requisitos de hardware y software para utilizar GPT-4?

¿Qué necesito para configurar mi entorno de desarrollo para trabajar con GPT-4?

Interacción con GPT-4 a través de la API

¿Cómo puedo conectarme y autenticarme en la API de GPT-4?

¿Cuál es el formato de las solicitudes y respuestas en la API de GPT-4?

¿Cómo puedo manejar errores y optimizar el uso de la API de GPT-4?

Generación de texto con GPT-4

¿Qué parámetros puedo ajustar para controlar la generación de texto con GPT-4?

¿Cómo uso prompts y contextos para influir en las respuestas de GPT-4?

¿Cómo puedo filtrar y procesar el texto generado por GPT-4?

Afinado de GPT-4

¿Qué es el afinado y por qué es importante?

¿Cómo preparo y tokenizo datos para afinar GPT-4?

¿Cuál es el proceso para entrenar y evaluar modelos afinados de GPT-4?

Ética y responsabilidad en el uso de GPT-4

¿Cómo puedo identificar y mitigar sesgos en modelos de lenguaje como GPT-4?

¿Cuáles son las mejores prácticas para un uso consciente y responsable de GPT-4?

¿Cómo puedo garantizar la privacidad y seguridad al utilizar aplicaciones basadas en GPT-4?

Proyectos personales y educativos con GPT-4

¿Cómo puedo implementar GPT-4 en mis propias aplicaciones y proyectos?

¿Cuáles son algunos ejemplos de proyectos educativos que utilizan GPT-4?

¿Cómo puedo utilizar GPT-4 para mejorar mis habilidades de programación e inteligencia artificial?

Monetización y oportunidades de negocio con GPT-4

¿Cuáles son algunas estrategias para monetizar aplicaciones basadas en GPT-4?

¿Qué tipo de oportunidades de negocio existen en el campo de la inteligencia artificial?

¿Cómo puedo utilizar GPT-4 para desarrollar productos y servicios innovadores?

Herramientas y recursos para trabajar con GPT-4

¿Cuáles son las herramientas de desarrollo más populares para trabajar con GPT-4?

¿Qué bibliotecas y marcos de trabajo facilitan la integración de GPT-4 en mis proyectos?

¿Dónde puedo encontrar tutoriales y recursos de aprendizaje para profundizar en GPT-4?

Limitaciones y desafíos de GPT-4

¿Cuáles son las principales limitaciones de GPT-4 y los modelos de lenguaje en general?

¿Qué desafíos enfrentan los investigadores en la evolución de GPT y otros modelos de lenguaje?

¿Cómo se están abordando los problemas de escalabilidad y eficiencia en modelos de lenguaje como GPT-4?

Avances recientes y futuros en inteligencia artificial

¿Cuáles son las investigaciones y desarrollos actuales en el campo de la inteligencia artificial?

¿Qué avances se esperan en modelos de lenguaje como GPT-4 en el futuro cercano?

¿Cómo influirán los avances en inteligencia artificial en la sociedad y la economía?

Trabajar en el campo de la inteligencia artificial

¿Qué habilidades y conocimientos son necesarios para tener éxito en el campo de la inteligencia artificial?

¿Cuáles son las oportunidades de empleo y las perspectivas de carrera en inteligencia artificial?

¿Dónde puedo encontrar cursos y programas de formación en inteligencia artificial y modelos de lenguaje?

Impacto social y económico de GPT-4 e inteligencia artificial

¿Cuáles son los beneficios y riesgos de la adopción generalizada de GPT-4 y la inteligencia artificial?

¿Cómo afectará la inteligencia artificial a diferentes industrias y sectores de la economía?

¿Cuál es el papel de la inteligencia artificial en la solución de problemas globales y en la promoción del desarrollo sostenible?

EPÍLOGO

Al llegar al final de "Chat GPT-4 para Principiantes", espero que hayas obtenido una comprensión sólida de cómo funciona GPT-4 y de cómo puedes aprovechar al máximo esta innovadora tecnología de inteligencia artificial en tu vida cotidiana y en tus proyectos.

A lo largo de este libro, hemos explorado los fundamentos de GPT-4, su funcionamiento, las aplicaciones y ejemplos de conversaciones que pueden resultar útiles para principiantes. También hemos abordado aspectos éticos y responsables del uso de GPT-4, así como algunas ideas para integrar esta tecnología en tus propios proyectos y aplicaciones.

Es importante recordar que GPT-4 y la inteligencia artificial en general están en constante evolución, lo que significa que habrá avances, mejoras y cambios en esta tecnología en el futuro. Por lo tanto, es esencial mantenerse actualizado sobre las últimas investigaciones y desarrollos en el campo de la inteligencia artificial y estar preparado para adaptarse a medida que estas tecnologías evolucionan.

Finalmente, me gustaría agradecerte por dedicar tu tiempo a leer "Chat GPT-4 para Principiantes". Espero que este libro haya sido una fuente útil y valiosa de información para ti. No dudes en compartir tus experiencias y aprendizajes con otros y en seguir explorando y aprendiendo sobre el fascinante mundo de la inteligencia artificial.

Recuerda que, lo más importante, es practicar y practicar. Los objetivos llegarán. No lo dudes

¡Buena suerte en tu viaje con GPT-4 y la inteligencia artificial!

Ryan